남현애 시집

빛의 노래

남현애 시집

빛의 노래

순수

◆ 작가의 말

새로운 마음으로
이 시집을 펼칩니다.
첫 시집 이후,
많은 시간이 흘렀습니다.
속내를 다 들어낸 것 같은
"부끄러움"
그리고 "설레임",
여전히 함께합니다.
여고시절의 추억이 떠오릅니다.
전혜린과 루이제 린저, 독일 가스등에 대한 환상……

오랜 시간 나의 일터에서 詩와 함께한 시간들을 나의 詩에게 바칩니다.

사랑하는 사람들과 이 시집을 함께하겠습니다.

2025년 10월
南賢愛

차례

◆ 해설/정연수(시인 · 문학박사) · 118
◆ 작가의 말 · 11

제1부 가스등

비움 · I · 19
비움 · II · 22
비움 · III · 24
비움 · IV · 25
비움 · V · 27
어떤 아이 · 29
Hero, Heroine · 30
을숙도 · 32
작은 돛단배 · 33
섬을 향하여 · 34
작은 포구의 풍경 · 36
성산길 555번지 · 38
가스등 · 40
어느 하루의 풍경 · 41
무제 · 1 · 42

제2부 바람의 길

바람의 길 • 47
물푸레나무 곁에서 • 48
백합이 있는 풍경 • 49
아이와 꼬리연 • 50
사랑하는 나의 삶아 • 52
카타콤베 • 54
소래에서 • 56
작은 풀의 소리 • 58
길 · 1 • 60
아, 평화의… • 61
겨울 序曲 • 62
그해 겨울 • 63
아침의 바다 • 64
빛의 노래 • 66
세계(世界) • 68

제3부 별 이야기

덫 • 71
어느 가을날 • 72
때아닌 진눈깨비가 내리는 날에 • 73
4월의 소리 • 74
바람 불어 와 • 75
안개 속의 산 • 76
그해 겨울의 터널 • 77
함께하는 풍경들 • 78
별 이야기 • 80
비, 바람, 바다, 그리고 • 81
진눈깨비 내리던 날 • 82
환생 • 83
어느 춤꾼 부부 • 84
요정의 숲 • 86
어느 겨울 • 89

제4부 잠이 깬 이른 새벽에

겨울의 문턱에 서 있음에 • 93
잠이 깬 이른 새벽에 • 94
헌시 • 96
무지개 • 98
아침 풍경 • 100
수레 • 102
어느 노부부의 이야기 • 103
FABER-CASTELL • 104
삶, 사람 • 106
소녀 • 108
길 · 2 • 110
다름 • 112
무제 · 2 • 114
Swan(백조) • 116
노을 • 117

제1부

가스등

비움 · I
― 요세미티국립공원 숲에서

먼,
아주 먼 과거의 시간 속으로
떠나온 곳
요세미티 숲
그 숲!

현재의 시점,
미래, 그 예측 불허한 시간
함께 공존하는
의식의 공간

카메라 렌즈
그에 포착되어지는
요세미티 숲 속 풍경

하늘 향해 곧게 뻗어 있는
나무들의 울림
그 숲 사이로 내리쬐는
강렬한 햇살
밑둥 잘린 나무

그가 두른 수만, 그 몇 겹의
나이테

그 사이
세쾨이어, 나뭇잎의
작은 흔들림!

그 숲 속, 나무들 사이
한없이 작아지는
나,
피사체로 렌즈에
남아 있어

확대 화면으로
다시 비춰 보는
나,
주름, 반영되어
숲 속에 있어

멀고 먼 시간 속
천둥, 번개 맞으며

버티고 서 있는
'세콰이어' 나무
그들, 침묵 속 향연

그 앞
'오만과 편견' 무너지고
피사체로 렌즈에 담기는
우리, 아니 나의 모습

그리고
세콰이어 나무들의
긴 행렬······

비움 · II
- 서해안 어느 포구에서

I.
밀물, 썰물
교차하는
곳

훌쩍 떠나온
시간 있는
곳

잠깐 쉬어 가고 픈
곳

마음 함께하는
곳

거기 함께
어우러져
있음에

II.
조금,
섭섭해도
괜찮아

조금,
마음 아파도
괜찮아

조금,
들떠도
괜찮아

조금,
기뻐해도
괜찮아

조금씩을
반복해도
괜찮아

비움 · III

어느 날 문득
삶의 무게
내려놓고

생각하는 날
창 밖으로는
쌀날 같은 눈
흩날리고,

쌀날 같은 눈 모이면
눈사람 될까?
눈사람 녹으면
봄이 마중 올까?

새로운 봄
새싹을 꿈꾸며
눈사람 사라지는 풍경!
그려본다

순백의 캠퍼스
그 위에…

비움 · IV
- 첫눈 내리는 아침에

창 밖!
나뭇가지 사이로 내린
눈

한해 저물어 가는
11월

마감일 재촉하는
원고처럼
내리는 눈

눈 쌓인 나뭇가지
잎사귀 큰 나무
그가 안고 있는
눈의 질량

얇은 가지
그가 안고 있는
삶의 무게

더러는

떨어뜨리고

더러는
짊어지는
삶의 무게

눈은!
다시 다가올
봄을 준비하며
살포시, 살포시
내린다.

비움 · V

붐비는 여의도
금융가 IFC몰
그곳 한 카페

내가 앉은 의자를
어느 누구에게 내어 주며
"참 기쁘다"

어릴적 짝과
자리 다툼하던 나의 모습
"스타박스"에서 보며

나 스스로에게
참 많이 컷구나
"참 잘 했어요"
스티카 붙여 준다
나에게

"스타박스" 거기
아이스 아메리카노
그 얼음이 서서히 녹아간다

내가 내어 준 의자가
참 예쁘게 보인다

어떤 아이

눈 내리는 날, 한 아이가 내게로 왔지
피카소의 그림처럼, 반쪽 얼굴은 해맑은 눈
반대쪽 얼굴은 선천성 기형으로,
두려워하며 마주 보기를 꺼려하며
그 아이 내게로 왔지
치아조차 모두 망가진 채
나는 그 아이의 반쪽만 진실인 양 보기로 했지
해맑은 눈은 퉁퉁 부은 입술에 가려지고 있다네
자꾸만 가려지고 있다네
눈 오는 날
우리를 덮는 잿빛 하늘처럼.

Hero, Heroine

조명 들어오는 곳
그 곳으로 히어로, 히로인 등장

무대는
미국 소도시, 작은 집
뜨락엔 작은 풀들 함께하는
한국에서 온 두 꼬마
소꿉장난하듯
머리 맞대고 앉아
그들만의 이야기 두런 두런

황순원의 " 소나기"
한 장면 연출되고

순한 눈빛 교환하며
그들만의 언어로
대화는 이어진다

요세미티 숲 속
거기, 작은 요정 같은
몸짓 계속이어진다

요세미티 숲 속, 거기
세콰이어 나무들에게서
흩어진 씨앗
작은 나무 되어 지듯이

그들의 몸짓은
작은 씨앗에서 피어나
나무로 자라리라

조명 다시 비춘다
한결 밝은 빛으로
나무 자라서
숲이 되리라

그들만의 이야기 이어지고
배경음악 깔린다
잔잔함에서
활기참으로
조명 다시 바뀐다

"차이는 좁히고
거리는 넓히다"

을숙도

어느 곳에도 이제는 없는 곳
갈대도 사라진, 철새들도 가끔씩 오는 거기
강바람만이 세차게 불어온다

명지포구, 차단기 내려진 시간
현재 시점 속 늘어선 횟집
그 끝에서 다시 만난 여자
그 여자를 기다린다. 돌아온다며 일터로 가 버린,
서서히 침식하는 세균 같은
세월의 더께를 읽는다

내려진 차단기, 그 너머의 시간 속 한때
이제는 빛 바랜 흑백사진으로
남아 있는 그 시간

아, 거기는 서걱거리며 일어서는
갈대숲이 있었지
일몰의 저녁, 붉은 해가 기우는 강가
강가에 비치는
그 여자와 내가 있었지

작은 돛단배
- innisfree

노를 저어서
가고 픈 곳

어슴프레 다가오는
작은 섬

기쁨, 슬픔
모두 함께 실어

가고 픈 섬

이니스프리

작은 돛단배, 실려
가고 픈 섬

이니스프리

섬을 향하여

은빛 치마폭처럼 펼쳐진 바다
구름 엷게 드리운 하늘
사이를 자유롭게 날으는 바닷새

때론 힘찬 날갯짓으로
때론 수면 위의 고요로
바닷새는 날고
바다를 가르며, 파도를 헤치며
배는 섬을 향해 간다

섬들이 보인다
섬 사이를 지난다
배는, 섬 위 나무를 비켜, 그 끝자락
먼 과거, 격리된 사람들의 수용소였다는
섬 위, 닭장 같은 집을 지난다

집 속의 작은 창, 거기도 빛이 찾아왔을까
찾아올까, 어두움 밀려온다
아픈 시간 속 상처 아련히 비친다.

뱃머리, 부서지는 파도 사이로

햇빛 사이로 비상하는
바닷새, 바닷새의 날갯짓

작은 포구의 풍경
― 서해안 어느 포구에서

실미도 근처
어느 작은 밥집
'시골 밥상'

그곳
썰물의 시간
그 즈음
갯벌이 드러누운 곳

오가는 발길 속
작은 어촌
고깃배들이 잠시
쉬어 가는
그곳

그 밥집엔
납작 엎드린
'생선구이'

구수한 '된장찌개'
칼칼한 '고추장찌개'

함께 어울리며

일몰 맞이하는
서해 바다
그 어디쯤의
작은 포구

거기에
오후가 저문다

내일,
다시 찾아오는
일출을 기다리며

성산길 555번지

적벽돌집,
녹슬어서 다시 덧칠한
푸른빛 철대문
사이
빨간 장미 휘감겨 있는

그 거리엔
꽤 긴 시간 감춰져 있음에
지나온 흔적
있는 곳

탄생과 소멸
생각게 하는 그 길
그 길목 어디쯤

젊음, 열정
가득했던 그 시간들
묻혀져
새로운 길을 준비하는
그 길목엔

5월의 푸르름이
5월의 아픔이

6월의 기억이
존재하는 그 길

성산로 555번지

가스등

전혜린을 읽다
오래 된 그림속,
그녀

독일, 어디메쯤
그녀가 거닐었던
그 가스등, 거리

눈덮인 길
인적 없는 길,

그녀가 걸었던
그 길

오래 된 그림 속
그녀,
그녀의 발자국

어느 하루의 풍경

여의도,
많은 차량 오가는
바쁜 금융가

그곳
인도네시아 대사관
그 뜰 바라보이는

어느 Cafe
그 창에서 바라보는
인도네시아인들의 모습

이웃동네의 삶
모두가 같은 삶
악수와 포옹 있어

잔잔한 스크린 속처럼
전해 오는
먼 나라 인도네시아 사람들의 풍경

cafe 창으로 들어오는 밝은 햇살
함께하는 어느 날의 오후

무제 · 1

이른 새벽
혹은
늦은 밤

시간과 시간
그 사이

언어와 언어의
그 의미

모방과 창조
그 차이

탄생과 사라짐
그 시간의
길이, 혹은 깊이

하늘, 바다
그 사이

일몰과 일출

그 간격

생각과 실천
그 차이

제2부

바람의 길

바람의 길

바람의 등에 업혀 먼 곳으로 가려한다
속도방임주의가 되어
엑셀레이터 밟으며 '특별시'를 벗어나고 있다
차창 밖, 도둑맞은 날들이 빠르게 지나간다

지난밤, 천둥이 몰아쳤었다
젊은 날의 치기 어린 행동처럼
비는 장대비가 되어 정신없이 몰아쳤었다

다시, 잿빛 하늘이 찾아왔다.
흐린 시야 사이로 숨죽이며 간신히 드러낸 좁은 길
숲으로 난 길이 '특별시' 끝에 나타났다
속도방임주의자에게 숲 속의 길은
제 몸 속을 수줍게 내보이며
조심스럽게 길을 내어주고 있다
어디로 달릴 것인가… 무언의 전언이 들려오고

물푸레나무 곁에서

빗물을 머금고 서 있는 물푸레나무 곁에서
밑둥까지 푹 젖은 그의 곁에서
바닥까지 메말라 더는 아무 것도
퍼올리지 못하는 "삐에로" 함께 젖는다

"삐에로"가 있었지
떠밀리듯이, 미친 듯이 달려온 동작
어느 순간 "동작 멈춤"의 지시를 받고
일시에 멈추어 버린 역할
가버린 것들, 사라진 것들에 대한 그리움

고인 빗물에 비치는 나무 그림자
그 잎새의 가녀린 떨림
전해온다 저 바닥 깊은 곳으로

백합이 있는 풍경
– cafe "In My Life"에서

조명등 아래 백합이 있다.
어둠 속으로 봄을 전하며
길었던 겨울과 화해한다.

백합향이 퍼진다
'재즈' 음악이 함께 퍼진다
먼 곳의 바람과 바람을 등에 맨
자유의 이름으로 트럼펫이 울린다

꽃술에서 떨어진 꽃가루가
유리 탁자 위에서 희망을 이야기한다
빛 속으로의 일탈을 꿈꾸며

창엔 봄빛 흐드러지는데
대단할 것도 초라할 것도 없는
生, 하나 걸려서

지나치게 무거움과
지나치게 가벼움과
화해하고 있다.

아이와 꼬리연

아이가 연을 날리려 합니다.
독수리 모양의 꼬리를 단 연을

연은 처음엔 잘 날지를 않습니다
아이의 얼굴이 찌그러진 채
낮게 낮게 가라앉는 연과 함께
한강변 잔디 위에 있습니다

바람이 불어 옵니다
연은 꼬리를 좌우로 흔들며
비상을 꿈꿉니다

꼬리연은 바람이 부는대로 이리저리 날고
연은 자유를 외칩니다
아이의 입가엔 웃음이 피어납니다

진정한 자유는 바람의 몫이라고
누군가가 일러 줍니다
그러나 아이에게는 꼬리연을 꼭 쥔
얼레만이 유일한 기쁨입니다

한강변 양화나루터에서
아이와 꼬리연이 높이 높이
날고 있습니다.

사랑하는 나의 삶아

1.
번호가 있었다.
달고 다니기에도 기억하기에도
많은
번호가 나로 불리우는 세상
그 속에 젖으며 하루가 또 가려 한다

2.
내 속에 키워 온
나는 어디에 있는가
유리창 속의 내가
번호로 입력되어 오차없이
또박 또박 가고 있다

3.
홍대 앞 거리.
꽃과 coffee와 샤갈의
'눈 내리는 마을'이 있는 거리
그 거리로

4.
나를, 아니 나의 번호를 부르는 소리
그 소리에 나도
번호를 찾아 부른다

5.
유리창
창이 훤하게 열린 거리에서
부호만 확인될 뿐

카타콤베

테베강이 흘렀다.
일몰의 시간
어둠을 업은 로마로…

수천 년을 흘러왔을 강 너머로
묵은 유적들과 오래된 시간들이
섞여 흐르고 있었다

그곳의 카타콤베
지하로 지하로
수백 미터 내려간 곳
석회석이 진흙처럼 굳어져
미로가 된 곳
햇빛조차 감히 들어올 수 없는 곳에

고난과 박해 속에 죽어간
아름다웠을 한 여자의 석상
수천 년의 시간들이
석상을 비춰주는 불빛 아래서
묵묵히 침묵하고 있었다

삶과 죽음이
카타콤베 미로속에
뒤엉긴 채, 널부러져 있었다

흔들리는 우리들
바람 앞의 호롱불 같은 것

긴 시간 후
그 때에도 카타콤베는
이렇게 침묵하고 있었다

*카타콤베 : 그리스도교의 박해가 격심했던 중세시대, 신자들이 모여서 집회하면서 생활하던 지하 공간, 로마에 있음.

소래에서

협궤열차가 지나가던 곳
갯벌과 갈대와 바다가
풍경화처럼 있던

석양이면
지는 해를 감싸안으며
침묵하던 바다

낡은 어선의 알전등이
출렁대며
깊은 바다에의 꿈을
전해 주던 곳

먼 시간을 건너며
어시장이 되어 버린 포구

현란한 네온이
북적대는 상인들이
팔딱거리는 생선들을
저울질한다

마치 삶을 저울질하듯
살아온 시간을 흥정하듯

구걸하는 앵벌이의 노래가
빈 메아리 되어 돌아온다
해 지는 포구로…

작은 풀의 소리

아스팔트 보도블록 틈
사이 흙 속에서
작은 풀이 고개 내밉니다

알지 못합니다
작은 풀의 희망을
사람들은 밟기도 하고
쓸고 지나가기도 합니다

풀은 아픔을 삼키며
다시 일어섭니다
그리움 있어

햇빛에의 그리움
빗방울에의 그리움

비가 내립니다
빗방울 떨어져 구르며
낮은 곳으로 갑니다

낮은 곳으로 흘러가는

것에의
그리움

그리움은 그리움을
아는 이의 몫인 것을

길 · 1
   – 詩를 찾아 떠난 길

폭우가 종일 쏟아지던 날
미친 듯이 퍼부우며 달려들던 비
강둑까지 차올라 넘칠까 넘칠까
위협한다는 전언

길을 찾아 나섰지
뒷골목의 길들 미로처럼 누워 있고
간판들 원색의 네온으로 얼굴 내밀었지

그 사이를 걸어도 보이지 않는
길, 그대를 향한 길
거리를 채워 오는 어둠, 비를 엎은 어둠
눈까풀 팔딱거리는 나도 어둠이 되었지

어둠 속의 시간들이
호출기 속에서 흘러가 버리고
내가 가는 길이, 그대를 향한 길이
옳은 길이라 믿었던 오만은

휘영청거린 채
빗물에, 반사된 네온에
밀려서 밀려서…

아, 평화의…

窓, 길섶에 닿을 듯 얕으막히
창이 하나 있었지
기우는 해가 마지막으로 찾아온 곳에

길 위의 풀들은 조용히 겨울을 이겨낸 후
창을 향해 고개를 들고
따뜻한 날들이 어깨 위에서 짐을 풀어주었지

새들 하나, 둘 모여
햇살 받으며 풀들과 이야기하고
새털 하나 가벼이 날고 있었지

窓 안, 실내에 있는 것
시계의 초침소리
어항 속의 금붕어
벽면에 있는 거울
거울 속의 정지된 시간들
모두 어둠을 거두고
조심스러이 문을 열고 있다네

겨울 序曲

가을 겨울 그 사이
강과 길 그 사이
바람의 도시, 상처의 도시에
낙엽이 진다

오늘도 어김없이 찾아오는 저녁
노을은 교각 위에 걸려서
찬바람을 맞고

여름날의 태양 빛을 잊어버린 채
떨어지는 낙엽들이 뒹굴어서
가는 곳

앙상하게 남은 나뭇가지들이
바라보는 곳

살아온 세월이 가벼우면
가볍게 떨어질까
떨어져서 저토록 가볍게 구를 수 있을까.

그해 겨울

그해 겨울, 내 안에는 긴 터널이 놓여 있었지
그 끝과 끝에는 회오리바람만이 간간히
차량 하나 오고 가지 않는 어두운 그 시간 사이를
가변차선 불빛만이 간신히 켜져 있는 그곳으로
너가 심어 준 불씨가 뒤늦게 타올랐고
나, 빨려 들어가리라 예감하기도 전에 도둑맞은
날처럼 나는

상, 하행선을 지시하는 신호등은 그 속에서
습관처럼 바뀌었지만
그 속에서 나는
매연, 금속성 소음, 시간을 태우는 열기
아, 열기가 내게 마지막 남은 기름조차 반납을
요구할 때
아, 그때서야 간신히 엎드려 포복하듯
기어서 기어서 **빠져나왔지**
여전히 겨울의 터널의 끝과 끝에는…

아침의 바다

은빛 치마폭처럼 펼쳐진 바다
구름 엷게 드리운 하늘
사이를 자유롭게 나는 바닷새

때론 힘찬 날갯짓으로
때론 수면 위의 고요로
바닷새는 날고

바다를 가르며 파도를 헤치며
배는
섬을 향해 간다

섬들이 보인다
섬 사이를 지난다
배는
우뚝 선 섬 위 나무를 비켜

그 섬 끝자락
먼 과거, 격리된 사람들의
수용소였다는 섬
섬 위 닭장 같은 집, 집 속의 작은 창

거기도 빛이 찾아 왔을까

어두움 밀려온다
아픈 시간 속 상처
아련히 비친다

뱃머리, 부서지는 파도 사이로
햇빛 사이로 비상하는
바닷새, 바닷새의 날갯짓

빛의 노래

겨울 힘겹게 이기고
봄 햇살 내린다

나뭇가지 사이로
빛, 갈라지며
그늘, 들여 놓는다

그늘의 자리가 있어
더욱 눈부신 햇살

무게 중심을 실으며
버텨 온 다리
그 다리 아래서도
햇살 머물며
그림자 남긴다

세월, 넘음이려나
내딛는 발자국에
삐끄덕 소리가 화음을 낸다

나무 등걸

나이테 하나 더 그으며
봄을 맞이하듯

다시 세월을 버텨 갈
다리, 다리에도

세계(世界)

수족관은 世界다
결코 갇힌 곳이 아닌, 자유로운 世界다
비록 끌려나와 식탁 위에 화려한 장식으로
놓여질지라도 그 순간은 그들만의 질서다
큰 눈 꿈벅거리며 엎드려 있는 광어, 도미들
착 들어붙어 있는 조개무리들 유유히 떠다니는 고기들
밖으로 응시하는 그들의 눈빛
수족관 밖이 감옥이다

제3부

별 이야기

덫

길이라 생각되어 걸었다
걷고 또 걸었다. 그 길 끝에 닿은 거기
버려진 터 흙먼지와 바람만이 가끔씩
불어 오는 곳, 겹겹이 쌓아 놓은 폐품들 사이로
햇빛이 간간히, 햇빛이 마련해 준 그늘이
약속처럼 함께 섞인 곳, 그곳의 정적이
정적 뒤의 불안이 내게로 오고
길을 위하여 쳐 놓은 철조망, 철조망에
엉켜 있는 강아지풀과 쑥 같은 것들
보고 있는 하늘, 하늘은 빛으로 땅을 향해 있었고
하늘을 질러 걸려 있는 전깃줄
전깃줄 같은 덫에 걸려, 거기에 내가 걸려…

어느 가을날

특수교육기관 성베드로 학교
스쿨버스 속에 지체부자유아들이 모여 있습니다
한 아이는 고장 난 엔진처럼 목과 손을 놀립니다
또 한 아이는 눈과 귀가 열리지 않아 괴성을 지릅니다
아이 하나, 창문을 가까스로 밀며
초점 잃은 눈으로 바깥을 봅니다
턱밑으로는 가늠할 수 없는 고통이
침이 되어 줄줄 흐르고 있습니다
한 아이가 덜덜 떨리는 손을 창 밖으로 내밉니다.
하늘을 잡으려 하나 봅니다
하늘은 참 어둡습니다
낙엽이 떨어지는 가을입니다
반송되어 온 탄원서 같습니다.

때아닌 진눈깨비가 내리는 날에

베를린 사람들이 맥주잔을 높이 들고
빽빽이 서 있는 대형 사진이
걸린 호프집에서
생맥주를 마셨다 독일 사람처럼 들지도
못하고 반쯤 팔꿈치를 굽히고
생맥주잔을 들고 있었다 거품까지 가득히
3월에, 때아닌 진눈깨비가 내리던 날
진눈깨비는 생맥주 거품처럼 쿨럭쿨럭 내렸다
뾰족하게 탑처럼 솟은 간판 위에서 흩날렸고
가건물 찌그러진 지붕 위에서도 은혜처럼 날렸다
내가 마련해 둔 징을 때리기도 하면서

진눈깨비와 우박이 마침내 범벅처럼 내렸다
이순신 장군 동상이 눈을 부라리며 노려보아도
광화문까지 아니 광화문을 지나서까지
우박은 쏟아지고 있었다.

4월의 소리

개나리꽃들이 피어 오릅니다
재개발지역 담벼락 사이에, 담벼락 밑 그늘에
내가 밟고 지나가는 보도블럭 옆
가로등 찌그러져 쓰러진 화단에

보도블럭이 깨어져 금이 가 있습니다
금이 난 틈새로 키 작은 풀들이 고개를 내밉니다
바쁜 걸음의 행인들이 짓밟고 지나갑니다
개나리꽃들이 내려다보고 있습니다
그 풀의 고개가 개나리꽃 쪽으로 잠깐 들렸습니다

부는 바람에 개나리꽃이 흔들립니다
꽃잎만 흔들리다가 온몸이 함께 흔들립니다
키 작은 풀들도 함께 흔들립니다
꺾인 한 쪽 고개를 곧추세우며

바람 불어 와

버스를 기다리고 섰네
황사현상이 있는 날
버스가 개천 쪽으로 기우뚱거리며
멈추어 섰네 정류장에서
찌그러진 깡통처럼 서 있는 사람들
나의 시선도 찌그러진 채 멈추었네
바람이 회오리치듯 불어 왔네
바람의 한쪽 어깨가 버스에 걸렸다네
바람은 안간힘을 쓰며 차창을 때리고 있네
나도 일탈을 꿈꾸는 바람이라네
낯설은 버스들도 가끔 멈추곤 한다네
기다리다가 언젠가는
아무 것이나 타고 떠나려 하네
걸린 바람을 풀어 놓으며
바람의 등에 업혀 함께 가려 하네
한강을 건너 서해바다를 지나
황하까지라도 가고저 하네

안개 속의 산

비를 맞으며 젖고 있는 산(山)
그 산자락 밑에 홀로 서 있는 나무들
물푸레나무, 산벚나무…

초록물 짙게 배어
더는 초록일 수가 없구나
얼마큼을 더 젖어야 하나
밑둥까지 푹 젖어서
흙이 패인 채 서 있어

그 山 속에 산안개 같은 얼굴로
네 앞에 서 있는 너

얼마큼을 더 젖어야
너로부터 일어설 수 있을까
내 안의 독한 그리움까지
푹 적시고, 그리고 또 어디까지
젖어야 너로부터 자유로울 수 있을까

물푸레나무를 지나
벼랑 끝에서 떨어지는 물 소리
내게로 내게로 오고 있다.

그해 겨울의 터널

그 해 겨울, 내 안에는 긴 터널이 놓여 있었지
그 끝과 끝에는 회오리바람만이 간간히…
차량 하나 오고 가지 않는 어두운 그 시간 사이를
가변차선 불빛만이 간신히 켜져 있는 그 곳으로
네가 심어준 불씨가 뒤늦게 타올랐고
나는 빨려 들어가리라 감히 예감하기도 전에
도둑맞은 날처럼 나는,

상하행선을 지시하는 신호등은 그곳에서도
예의 그 습관처럼
번갈아가며 바뀌었지만 그 속에서 나는
매연, 탁한 금속성 공기가, 시간을 태우는 열기
그 열기가 내게 남은 마지막 기름조차 반납을 요구할 때
아, 그때서야 간신히 엎드려 포복하듯
기어서 기어서 어렵게 빠져 나왔지
여전히 겨울이 터널의 끝과 끝에는

말없음표를 깃발처럼 흔들며, 터널을 껴안은
산이, 거기 있어 주었지

함께하는 풍경들

그 곳을 "경상도집"이라고 불렀다.

아크릴간판 위, 종이로 쓰여져, 너덜거리던 상호였다
2층 다락방, 때 절은 나무계단에서 나의 하이힐이
삐거덕거렸다. 살아온 세월의 무게만큼

곱창이 끓고 있었다

속 다 비운 곱창과 벗겨도 벗겨도 속 보여주지 않는
양파가
낡은 철판 안에 뒤섞여 있었고, 낮은 천장과 벽 사이에
장식처럼 걸려 있던 빗자루와 쓰레받기 그리고
해묵은 달력
과거완료형의 의미를 묻고 있었다

한때 狂氣(광기)처럼 앓았던 날들이 있었다.

그 광기를 잡아 흔들던, 시간들이 소주잔 속에
일렁거렸다
독했던 소주의, 독했던 니코틴의, 독했던 그리움이
어둠 덮힌 퇴계로에 묻혀지고 있었다

그곳을 "경상도집"이라고 그랬다.
사람들은…

별 이야기

별, 별이 떠 있다

아름다운 동화나라의 별 이야기는 없고
네온 휘황한 도심 하늘에
별이 떠 있었다
별빛은 가로등과 함께
어둠 내린 길을 비추며
하루를 마감하려한다
길,
많은 길들을 돌아와
여기에 왔었지
네온 휘황한 길도
낙엽 쌓인 산, 그 오솔길도
산 몇 번지의 구부러진 길도
모두 길이었음을 알 때까지
세월을 파도처럼 지나왔다

별, 별이 있었다
테크노피아 전광판 위
요란한 화면과 함께

비, 바람, 바다, 그리고

비, 말줄임표처럼 내리고
바람, 상처처럼 매운 바람 업고 오는
바다, 하늘과 맞닿아 어둠 깊이 드리우는

그 어둠 속에 침묵하는 숲, 파도 소리, 바람과 함께
오는 그 숲 속에
밤안개 피어올라 모습 보이지 않고
떠나와 버린 사람, 바다를 향한 山, 그 먼산에 묻고
자작나무 물푸레나무 서로의 어깨를 맞대며
새벽을 여는데
깨어지지 못하는 자아(自我) 부끄러움의 옷을
벗지도 못한 채 젖어가고
말(言), 의미 없이 뱉어낸 말들이 빈 울림이 되어
돌아오는 밤
인간에 대한 예우를 말할 수 있을까 우리는

숲은 여전히 침묵하고 있었다, 어둠 속에서…

진눈깨비 내리던 날

진눈깨비가 窓을 두드린다
겨울과 봄 그 어설픈 사이에
한때 바닥까지 마르게 했던 아픈 시간들
나, 이제 그 마음 내려놓으려 힘들게 뒤척일 때
쌓이지 못하고 공기 중에 떠도는 진눈깨비
窓을 두드리고 한 소녀 내게로 왔다
종이 인형의 모습으로, 뇌성마비의 이름으로
바스러질 것 같은 온몸, 허공을 향해 손짓하다
멈추어 버린
그녀의 손끝에도 진눈깨비 내린다
아니 내리다 사라진다
말(言)을 잃어버리고 울부짖는 소리만이 유일한 표현
어미의 자궁에서 떨어져 나올 때도 그러했으리라
맑은 눈망울을 굴리며, 떨어지는 눈물과 함께
알아들을 수 없는 소리만을 반복하는 그 소녀

한때 깊은 물 속으로까지 가라앉았던 내 마음
그 마음도 한때는 알아들을 수 없는
소리만을 토하고 있었지

환생

카페 스크린 벽에 걸린 대형 화면
안으로 몸부림치며 절규하는 Rocker
밖은 겨울, 바람은 간판을 뒤흔들며
뼛속까지 파고드는데 화면 속의 그들
쏟아내는 땀방울이 실내를 채우며 잣잔 위로
뚝뚝 떨어진다

Rock & Roll 속으로 장구와 꽹과리가
함께 어우러진다 하늘을 나는 샤갈의 그림
날으는 환상에 시달리다 정신 병동으로 사라져 간 여자
자작나무 사이로 사라져 간 그 여자 영혼 함께 울린다

거울이 있는 벽면 그 벽면으로
샤갈과 여자와 Rocker들의…
반사되고 있다.
밖은 겨울, 다시 봄이 오리라
나이테를 하나 더 그으며 시간들이 스쳐 지나가리라
이 거리로, 이 곳으로…

*정신 병동으로 사라져 간 여자 : 윤후명의 소설 "별을 사랑하는 마음으로"에 나오는 여자

어느 춤꾼 부부
- TV 인간극장을 보며

어떤 형식
어떤 방법

모두 버리고 추는
그들의 춤사위

아무것도 없음
그들의 몸짓

길거리에서 움직이는
그들 춤

화면 속 그들
"살사 댄스, 줌바 댄스"
혹 "째즈 음악"?

형식, 무형식
그 사이를 오가며

자유로이 움직이는
젊은 춤꾼의 모습

화면 바뀌며
그들도
아이 태어나고

부모라는 이름표
곁에 두고

그들은 다시 춤추며
이야기한다
몸짓으로…

*"행복은 크기가 아니고
빈도이다"

*조명연 신부의 저서 표제(행복은 크기가 아니라 빈도입니다.)

요정의 숲
- 일본 나가사키, 어느 시골마을에서

I
요정이 살 것 같은
작은 숲

그 숲 속에 흐르는
작은 개울

개울가, 나무들 사이
비치는 햇살

그 물 속에 반영된
작은 나뭇가지
여린 잎사귀의 떨림

" 배경은 공간이다"
익숙한 머릿속의 글귀
사라지고

먼 곳으로부터 날아온
한 여행자의 흔들림
물 속의 잔잔함

배경, 공간 함께 아우르는
요정의 숲 속

작은 개울
개울 속 물 소리
그 옆, 여린 풀들의
흔들림

II
요정의 숲을 지나
마주한 곳, 아쿠아리움

수족관, 갇혀진 곳
그 곳,
뒤뚱걸음으로 걷는
펭귄들의 모습

먼 나라
남극 그 어디메쯤
살아야 할 그들
펭귄!

그들은 수족관에서
잠자며, 휴식하며
살고 있는

주어진 시간
주어진 먹이
함께하는
그들의 삶

먼 나라, 남극
그 꿈은 어디에…

아쿠아리움 속
배경으로 설치된 얼음
유리창 밖으로 비쳐진다.

어느 겨울

窓, 틈 사이로 겨울 햇살 찾아온다
먼지들 알몸 드러내고 흔들린다
시려오는 영혼 함께 흔들린다

나뭇가지 앙상한 모습으로 窓으로 다가올 때
겨울 햇살 그 가지 사이에서
잠시 머물고 갈 때

세월의 강을 어설프게 건너온 자의
변명, 겨울 바람에 흔들린다

흔들리며, 흔들리며
산다는 것

살을 파고드는 추위가 곧 오리라
흔들리다, 흔들리다
꽁꽁 얼어붙어,
……
人生이란,

제4부

잠이 깬 이른 새벽에

겨울의 문턱에 서 있음에

한때, 젊음을
가을이 가며 겨울이 오는 문턱에서
詩를 떠올리며
누군가를 생각하며

그리운 얼굴
보고 싶은 얼굴
기억 속의 아름다운 추억들

앞으로 자라날 예쁜 새싹들
그 새싹들은 희망, 기쁨이어라
앞날을 이어갈 희망이기를
앞날을 멋있게 빛나게 할
아름다운 미래

과거와 현재
더욱 소중한 우리들의 새싹들
그들은 희망

2020. 11. 20.

잠이 깬 이른 새벽에

잠에서 깨어
아파트 뒷 베란다
그 창

그 창 너머로
잠이 든 거리를
내려다보며
떠오르는 얼굴
그리고
얼굴

삶이란
사람인 것을
사람이 쌓여
삶인 것을

지우개가 있었지
지울 수 없는 것
그것이 삶이라는 걸

많은 단어
사랑, 미움, 용서
떠올리며

창, 그 불 꺼진
창을 본다

2021.10.21.

헌시
- 당신의 침묵

오늘도 님은 여전히
병상에 누우셔서
두 눈 껌벅거리시며
계시겠지

무슨 생각 하실까?
무슨 말씀 하시고 싶으실까?
가물, 가물 꺼질 듯 사라질 듯
그 눈빛

내 마음 깊은 곳
떠오르는

님의
젊은 날의 모습
그때처럼
처렁 처렁 했었던
님의 목소리

무엇이 님을 붙잡을까?
알 수 없는 님의 세계

희망을!
하늘에게 기도하며
소원을 기원하며

2022. 04. 18

무지개

어느 날
비 온 뒤 보았던
하늘, 그 위 무지개

생후 8개월, 아가
일어서려, 일어서려
애쓰는
아가의 발돋음

그 모습
무지개에서
아가의 해맑음
천진함 겹치며

오래 전 보았던
기억 속 무지개
그 무지개의
아름다운 그 빛의 어울림

보았던 시간
다시 보고 싶은 시간

먼 곳
광활한 땅

"Grand canyon"
그리고 싶다.

2021. 04. 16

아침 풍경
- 아파트앞 정원

작은 공원 안
희끗한 머리의
노인

낡은 빗자루 손에 쥐며
공원, 그 마당
쓸고 있다

옛 추억 담으려는 걸까?
티없이 뛰노는,
손주 같은

어린아이들이 남긴
과자 봉지
담으려는 걸까?

이른 아침
책가방 등에 맨
학생들의 등굣길
그 '노인' 어르신의 손길
그림처럼, 사진처럼

나의
마음 속에 찍힌다

2022.04.18.

수레

가득 찬 수레
그 속
하나씩 내려놓으며
때론
아쉬움으로
가끔은
홀가분함으로

그 수레 생각한다
질량의 법칙
저울의 잣대

다 비우고 나면
가벼워진 수레

그 수레에
담긴 선물

자유라는
큰 단어

2022. 07. 22

어느 노부부의 이야기

S 병원 주차장
어느 노부부의 모습
핑크빛 윗도리 하얀바지 차림
그녀의 손을 꼭 잡은
흰 머리 가득한 어르신
한편의 드라마와 같은
모습

아련히 적셔 오는 눈물
눈물보다 더 적셔 오는 것은
무엇일까

해 지는 저녁
다시 또 떠오르는
동해를 생각하며

FABER-CASTELL
  – 어느 길섶에서의 글

삶이
사람인 것을,

뒤늦게 깨달은
삶의 어느 자락에
서 있음, 그 즈음

그 즈음
다가오는 아니
떠오르는

얼굴, 얼굴들

유년시절의 크레옹
혹은 크레파스

그 다양한 색들
그 색들의 스펙트럼
그 색들의 합침
어떤 색일까?

생각하게 하는
그 어느 길 모퉁이

아름다운 물감
그 물감이 빚어 내는
예쁜 그림 한 점

글, 그림
함께하는 풍경

* 주: FABER-CASTELL은 독일 파스텔, 색연필 제조 브랜드

삶, 사람
- 어느 길섶에서

햇빛 비스듬히 비치는
어느 길섶

삶이
사람인 것을
햇빛 비치는
그 곳

그 곳에서
다가오는, 떠오르는

얼굴, 얼굴들 함께
어우러지는
크레옹, 크레파스
그 색들

그 다양한 색
그 색들의 스펙트럼
색들의 하모니!

생각하게 하는
그 어느 길, 그 모퉁이에

유년시절, 그 얼굴들
있음이여

2023. 02. 28

소녀

첼로, 비올라, 바이올린
현악 삼중주, 울려 퍼지는
작은 동네, 그 홀

아름다운 선율 속으로
시간 흐른다
소백산 자락, 그 작은 마을로

"고향의 봄"
거기에 녹아든
기억의 조각들,

어느 곳, 어디쯤
그 곳에서 울리는
한 여인의 일생

멜로디 통해
전해 오는
한 여인의 삶
들려 온다

작은 소녀의 어미로
그 고사리손을 붙잡고
가르쳤을 첼로의 현

그 소리, 그 울림을
이제 먼 나라
이국 땅에서 울리리라

길 · 2

길,
여러 갈래의 길 있어

가고 싶었던 길
가지 못했던 길
영상 속의 길

어느 옛 시인
로버트 프로스트의 시(詩)
"가지 않은 길"

빌딩 숲 사이
휀(Fan) 바람 부는 곳
그 곳의 길

하늘 위
구름이 만들어 주는
여러 모습의 길

어느 버스킹
무명가수가 부르는
노래 속의 길

그 길 따라
거리 속으로 울려 퍼진다
저마다의 색깔로…

다름
- 한여름 동해안 바닷가 풍경

'다름'
'똑같음' 의
거울 속 모습

짧은 반바지
긴 윗옷

긴 치마
짧은 윗옷

문신한 남자의 팔뚝
썬크림으로 새하얘진
여자의 얼굴

그 풍경 속
울음 터트리는 아이
젊은 부모 곁에서
함께하는
한여름 동해안 바다

거기
밀려오는 파도
그 포말이 파도 소리와 함께…

무제 · 2
- 미우라 아야코 문학관에서

한 여인의 일생
펼쳐진 곳

홋카이도
어느 작은 마을
문학관

작은 풀들의 흔들림
운센의 폭포 풍경
겹쳐 떠오르는
그 곳

한 여인의 삶
작품, 그녀가 남긴
흔적

"사랑과 유혹
배신과 복수
희생과 용서"
"인간의 연약성"

한 여인의 일생
밀려오는…
이방인에게
전해져 오는
그 여인의 깊은 울림

어디였을까
그녀가 바라보고 싶은
곳
그녀가 가 보고 싶었던
곳
어디였을까

Swan(백조)

일몰 즈음, 호숫가
물 위에 떠 있는
백조 한 쌍

물밑
발놀림, 그 움직임
물결되어 일렁이고

수채화 물감 풀어 놓은 듯
지는 해, 몸 풀며 반영된
오묘한 물빛
모네의 그림 속, 수련
떠 있는 물빛 연상되는

백조 한 쌍
어디론가 응시하듯
꿈을 향해 나란히 떠서

일렁이는 물결 따라
아련한 빛으로
호숫가에 머문다

노을

노을이 있었다.
그해 겨울의 문턱까지 숨가쁘게 달려왔던 길
더 이상은 아무 것도 보이지 않던 그 길 끝에
흐르는 강물에 벌겋게 몸 풀며 드러누운 노을의
자락이 있었다
그 위에 엎어져 울고 싶었던 적 있다

바람 불어온다
머리카락 흩날리며 끊어진 그 길 위로
오늘 바람은 다시 새 길을 내고 있다

지금, 窓으로 난 저 하늘을 한 움큼 주워 담고 싶다
그 끝 보여주지 않고, 지상으로만 뿌리내리던 길
이제, 잠시 덮어두고
간간이 빗줄기 가늘게 뿌려대는 희망의 문장을
담고 싶다

◆해설

비움의 시학:
상실, 수용, 그리고 존재의 윤리

정연수
(시인, 문학박사)

1. 기억과 상실, 그리고 회복의 서사

한 권의 시집이 독자에게 말을 건넬 수 있다면, 이 시집은 '괜찮다'(「비움 Ⅱ」)고, '다시 일어설 수 있다'(「작은 풀의 소리」)고 조용히 다독이는 목소리일 것이다. 시들은 격렬하지 않고, 선언하지 않으며, 오히려 작고 느리게, 그러나 꾸준히 삶의 결을 따라 걷는다. 그리고 그 끝에서, 우리가 마주하는 것은 존재 자체에 대한 사려 깊은 수용이다. 남현애 시인의 시집은 상실, 수용, 존재의 상호작용이라는 세 가지 관점에서 시적 여정을 펼친다.

상실된 것에 대한 기억은 그것을 회복하려는 시도와 함께 드러나기도 한다. 시인은 시간을 거슬러 올라가며 사라져가는 것들에 대한 그리움과 아쉬움을 표현하면서도, 그 속에서 회복과 치유의 가능성을 발견한다. 잊힌 시간 안에서도 회복의 실마리를 찾으려는 시인의 의지가 시의 심층부를 형성한다. 시간의 흐름 속에서

진행되는 상실과 회복은 이 시집에서 반복적으로 나타나는 테마이다. 상실된 것들에 대한 그리움과 회복은 깊은 시간의 탐구로 연결된다.

> 어느 곳에도 이제는 없는 곳/갈대도 사라진, 철새들도 가끔씩 오는 거기/강바람만이 세차게 불어온다//명지포구, 차단기 내려진 시간/현재 시점 속 늘어선 횟집//(중략)//내려진 차단기, 그 너머의 시간 속 한때/이제는 빛 바랜 흑백사진으로/남아 있는 그 시간
> ─「을숙도」 부분

과거의 기억을 더듬으며 사라진 장소와 사람에 대한 애틋한 그리움을 담고 있다. 을숙도의 변화는 단순한 환경 변화가 아니라, 관계의 소멸과 시간의 퇴적을 상징한다. "서서히 침식하는 세균 같은/세월"이라는 구절은, 기억이 어떻게 점진적으로 사라지고 부식되는지를 생물학적 은유로 제시하며, 상실을 견디는 마음의 언어를 구성한다.

명지포구와 그 주변의 변화를 기억을 통해 다룬다. 사라진 갈대숲과 철새들을 통해 사라져가는 것들에 대한 그리움을 나타낸다. "차단기 내려진 시간"은 과거와 현재를 넘나드는 기억의 교차점을 나타내며, 그 속에서 변화된 풍경과 인간의 내면적 회복을 묘사한다. 과거의 흔적을 기억으로 되살려 과거의 상실과 변화 속에서 다시 만나는 시간을 암시하기도 한다. "빛 바랜 흑백사진"처럼 퇴색해가는 기억 속에는 사라진 갈

대숲, 이별한 연인, 더 이상 존재하지 않는 장소들이 있다. 흔적을 추적하면서 사라졌지만 잊을 수 없는 시간들을 호출한다. 사라져가는 것들에 대한 그리움은 변화된 장소의 의미를 탐색하는 시간이기도 하다.

이른 새벽
혹은
늦은 밤

시간과 시간
그 사이

언어와 언어의
그 의미

모방과 창조
그 차이

탄생과 사라짐
그 시간의
길이, 혹은 깊이

하늘, 바다
그 사이

일몰과 일출
그 간격

생각과 실천
그 차이

-「무제 · 1」 전문

  시간과 존재의 간극을 탐구하는 작품으로, 자연의 시간과 인간의 내면적 시간 사이의 간극을 묘사한다. 모든 것이 명확하지 않은 '사이'의 철학을 다층적으로 탐색하고 있다. "하늘, 바다/그 사이"와 같은 구절을 통해 두 개의 시간(자연의 시간과 인간의 시간)이 서로 맞물려 있지만 간격이 존재한다는 점을 표현하고 있다. 자연과 인간, 시간의 깊이를 탐구하는 과정에서 시간의 차이를 인식하고, 자기 존재를 돌아보는 기회를 제공한다. 이 시는 사이(間)의 의미에 천착한다. "모방과 창조", "일몰과 일출", "생각과 실천" 사이의 간극은 곧 자아와 세계, 의미와 현실 사이의 긴장으로 확장한다. 이 간극은 잃어버린 의미에 대한 질문이자, 회복될 수 있는 내면의 통로로 제시된다. 존재의 균열을 인정하면서도 그 틈을 통과의 문으로 삼는 윤리적 시각이 돋보이는 작품이다. 시인은 명확한 결론 대신, 간극 자체를 바라보는 사유의 필요성을 제시하고 있다.

먼 시간을 건너며
어시장이 되어 버린 포구

현란한 네온이
북적대는 상인들이

팔딱거리는 생선들을
　　저울질한다

　　마치 삶을 저울질하듯
　　살아온 시간을 흥정하듯

　　구걸하는 앵벌이의 노래가
　　빈 메아리 되어 돌아온다
　　해 지는 포구로…

　　　　　　　　　　　　　-「소래에서」 부분

　소래포구의 이미지는 상업화된 삶, 정서적 피폐함, 잃어버린 인간성을 비유한다. "저울질"이라는 표현은 자신의 삶과 감정을 타산적인 시선으로 바라보는 현상을 말한다. "구걸하는 앵벌이의 노래"는 존엄이 실종된 시대의 자화상을 적나라하게 드러낸다. "삶을 저울질하듯" 생선과 시간을 팔아 넘긴 현실이 "빈 메아리"를 만든다. "어시장이 되어버린 포구"는 과거의 기억 속 장소가 변화된 모습을 나타낸다. 현란한 네온과 상인들의 모습은 시대의 변화를 상징하며, 그 속에서 시인은 변하는 것에 대한 그리움을 느낀다. 사라지는 것들에 대한 그리움은 회복을 위한 계기가 될 것이다.

　　가을, 겨울 그 사이
　　강과 길 그 사이
　　바람의 도시, 상처의 도시에
　　낙엽이 진다.

오늘도 어김없이 찾아오는 저녁
노을은 교각 위에 걸려서
찬 바람을 맞고

(중략)

앙상하게 남은 나뭇가지들이
바라보는 곳

살아온 세월이 가벼우면
가볍게 떨어질까
떨어져서 저토록 가볍게 구를 수 있을까.
-「겨울 序曲」부분

　겨울의 이미지와 낙엽의 상징은 삶의 종착지, 또는 그에 대한 성찰을 드러낸다. "앙상하게 남은 나뭇가지들이/바라보는 곳"은 지나온 시간을 뒤돌아보는 초연한 자아의 시선을 반영한다. 삶의 경계, 혹은 시간의 과도기에서 벌어지는 내면의 성찰을 담고 있다. 가을과 겨울, 강과 길, 일몰과 교각은 모두 이행과 상실, 머무름과 떠남의 은유적 배경으로 작용한다.

　"살아온 세월이 가벼우면/가볍게 떨어질까"라는 구절은 삶의 무게에 대한 질문을 시적 미학으로 표현한 절창이다. 이 물음은 인간의 삶이 얼마나 가볍거나 무겁게 남겨질 수 있는지, 기억의 잔재가 어떻게 인식되는지에 대한 철학적 사유를 드러낸다. 떨어지는 낙엽은 곧 기억의 파편, 혹은 상실 이후의 고요한 자아를 상징하며, 시인은 그런 시간의 조각들을 통해 자기 존재의 무게를 질문한다. 잎을 잃고 가지만 남은 나무를 통해 삶의 마지막을 고요히 마주하는 성찰의 자세에는 회복 탄력성이 있다. 낙엽이 '가볍게 굴러가는' 모습은 오히려 무겁지 않은 죽음, 웰다잉에 가까운 '가벼운 마침의 아름다움'을 떠올리게 한다.

> 특수교육기관 성베드로 학교/스쿨버스 속에 지체부자유아들이 모여 있습니다/한 아이는 고장 난 엔진처럼 목과 손을 놀립니다/또 한 아이는 눈과 귀가 열리지 않아 괴성을 지릅니다/(중략)/한 아이가 덜덜 떨리는 손을 창 밖으로 내밉니다/하늘을 잡으려 하나 봅니다/하늘은 참 어둡습니다.
> ―「어느 가을날」부분

장애를 지닌 아이들과의 접촉을 통해 인간 존재의 본질과 고통을 깊이 있게 사유하는 작품이다. "스쿨버스", "고장 난 엔진처럼", "괴성", "초점 잃은 눈" 등은 생리적 제약과 심리적 고통의 총체를 보여준다. 하지만 이 시의 정점은 '하늘을 잡으려는 손짓'에 있다. 이는 절망적 상황 속에서도 희망을 향해 움직이는 회복 탄력성을 상징한다. 하여, '어둡다'는 하늘이 희망을 실현시키지 못할지라도 손짓 자체가 회복을 향한 움직임이라는 것을 암시한다. 고통의 현실을 응시하면서도 포기하지 않는 회복 탄력성의 힘이 감동적으로 다가온다.

얼마큼을 더 젖어야 하나/밑둥까지 푹 젖어서//(중략)//내 안의 독한 그리움까지/푹 적시고, 그리고 또 어디까지/젖어야 너로부터 자유로울 수 있을까

-「안개 속의 산」부분

그리움으로 가득 찬 내면의 상처와 그것을 떠나보내려는 고투를 섬세하게 다룬 작품이다. 젖음은 곧 감정의 포화, 혹은 기억의 침윤을 의미한다. 시인은 "너로부터 자유"롭기 위해 "더 젖어야" 한다고 말하는데, 이는 감정의 극한까지 밀려가는 행위를 통해서만 상실이 치유될 수 있다는 것을 역설적으로 드러낸다. 산의 물소리, 물푸레나무, 벼랑 끝의 이미지는 모두 내면의 상실이 자연과의 접점을 통해 정화되는 과정을 시각적으로 보여주는 매개체이다.

산 몇 번지의 구부러진 길도/모두 길이었음을 알 때까지/세월을 파도처럼 지나왔다

-「별 이야기」부분

시간을 되짚는 회고적 시선을 통해, 삶의 다양한 경로가 결국 하나의 길이었음을 깨닫는 회복의 통찰을 전한다. 구불구불한 삶의 길은 실패와 후회, 돌이킬 수 없는 선택들로 상징되지만, 그것이 결국 하나의 통합된 여정이었음을 인식하면서 자기 존재를 수용하는 평온한 목소리로 귀결된다. 지나온 삶 전체를 하나의 별 이야기로 승화시킴으로써, 기억 속 상처와 화해하며

자아를 회복하는 성찰을 완성한다.

2. 불완전함과 수용: 존재의 평화

남현애 시인은 불완전함을 인정하고 수용하면서 존재의 내면을 응시하도록 이끈다. 인간의 결핍, 고통, 그리고 장애를 주시하는 것도 그 때문이다. 그것은 동정의 대상이 아니라 불완전함 속에 진실한 인간 존재의 깊이가 있다고 말하는 것이다. 인간의 감정과 존재가 고통스럽고 결핍되었지만, 그 속에서 평화와 치유를 찾으려는 노력을 엿볼 수 있다. 불완전함은 삶에서 피할 수 없는 현실이며, 이 시집은 그런 불완전함을 인정하고 수용하는 태도를 강조한다.

조금/섭섭해도/괜찮아//조금/마음 아파도/괜찮아//조금/들떠도/괜찮아//조금/기뻐해도/괜찮아
  -「비움 II-서해안 어느 포구에서」부분

감정의 소소한 변화를 받아들이는 태도가 반복적으로 강조된다. "조금씩"이라는 반복적인 구절은 삶의 크고 작은 감정의 변화를 그 자체로 인정하고 받아들이는 자세를 강조한다. 섭섭함, 아픔, 기쁨 등 다양한 감정들이 자기 자신을 흔들지 않도록, 그저 흐르게 두는 방식으로 평화를 찾고자 한다. 불완전함을 수용하는 것만으로도 평화로워질 수 있다는 것을 전달한다. 일상의 감정적 파고를 '조금씩' 받아들이는 반복적 어법을 통해, 인간이 겪는 감정의 불완전성을 긍정과 수

용의 언어로 치환한다. "조금씩을/반복해도/괜찮아"라는 구절은 결코 완벽하지 않은 삶을 지속해 나가는 힘을 상징하며, 있는 그대로의 감정과 불완전함을 포용하는 윤리를 제시한다.

> 아스팔트 보도블록 틈/사이 흙 속에서/작은 풀이 고개 내밉니다//알지 못합니다/작은 풀의 희망을/사람들은 밟기도 하고/쓸고 지나가기도 합니다
> ―「작은 풀의 소리」 부분

「작은 풀의 소리」 역시, 인간의 삶과 고통을 작은 풀의 희망을 통해 수용하는 방식으로 표현하며, 불완전한 존재가 어떻게 스스로를 위로하고 새로운 가능성을 향해 나아가는지에 대해 묘사한다. 여기서 작은 풀은 인간 존재의 불완전함과 생명력을 상징한다. 풀은 밟히고, 지나쳐도 다시 일어서는 존재이다. 남현애 시인은 자연 속 작은 존재가 겪는 고통과 회복을 통해 불완전함을 삼키며 일어서는 풀의 메시지를 전달한다.

> 눈 내리는 날, 한 아이가 내게로 왔지
> 피카소의 그림처럼, 반쪽 얼굴은 해맑은 눈
> 반대쪽 얼굴은 선천성 기형으로,
> 두려워하며 마주 보기를 꺼려하며
> 그 아이 내게로 왔지
> 치아조차 모두 망가진 채
> 나는 그 아이의 반쪽만 진실인 양 보기로 했지
> 해 맑은 눈은 퉁퉁 부은 입술에 가려지고 있다네

자꾸만 가려지고 있다네
눈 오는 날
우리를 덮는 잿빛 하늘처럼.

-「어떤 아이」 전문

 신체적 결함을 가진 아이를 마주하는 시선을 통해, 불완전한 존재의 존엄성을 고민한다. "나는 그 아이의 반쪽만 진실인 양 보기로 했지"라는 고백은, 불완전한 수용의 태도를 자각하면서 동시에 그것을 반성적 윤리로 전환한다. 반쪽만을 보려 했던 시선은 결국 "우리를 덮는 잿빛 하늘처럼"이라는 인식으로 이어지며, 타인의 고통을 외면한 사회의 구조적 냉소를 은유한다. 눈이 내리는 날은 고통을 씻어주는 동시에 그것을 피할 수 없는 현실로 인식하는 모습이기도 하다. 또한, 눈이 내리는 풍경은 마치 아이의 고통과 그리움을 씻어주려는 듯한 은유로 기능하면서, 아이와 자연이 겪는 고통의 연대감을 형성한다.
 "피카소의 그림처럼" 기형적인 얼굴을 가진 아이는 우리 사회의 미적 기준과 수용의 한계를 드러내는 존재다. 시인은 그 아이의 "반쪽만 진실인 양" 보았다고 고백하지만, 그 고백은 부끄러움과 성찰을 담은 윤리적 각성의 자리가 된다. 같은 결을 잇는 「아이와 꼬리연」에서도, 연이 날 수 있었던 건 "바람의 몫"이었지만, 아이는 그것을 놓지 않는다. 그 얼레는 삶을 붙드는 인간의 필사적인 노력, 불완전한 자유의 현실을 감싸는 장치로 기능한다.

바람이 불어 옵니다/연은 꼬리를 좌우로 흔들며/비상을 꿈꿉니다//(중략)//진정한 자유는 바람의 몫이라고/누군가가 일러줍니다/그러나 아이에게는 꼬리연을 꼭 쥔/얼레만이 유일한 기쁨입니다.
-「아이와 꼬리연」 부분

자유와 통제, 이상과 현실의 갈등을 연과 아이의 관계로 표현한다. 연이 하늘을 나는 자유의 상징이라면, "얼레"는 그 자유를 붙드는 인간의 절박한 소망과 제한된 조건을 뜻한다. 이상적인 자유가 "바람의 몫"이라 할지라도, 현실을 붙드는 손의 감각 또한 삶의 의미가 됨을 보여주는 시적 역설이다. 연은 자유와 희망의 상징으로, 아이의 의지와 자연의 바람이 결합하면서 자유를 향한 꿈이 나아간다. "진정한 자유는 바람의 몫이라고"라는 구절은 자연의 힘을 통해 자유를 확장하는 의미를 반영한다.

대단할 것도 초라할 것도 없는/生, 하나 걸쳐서//지나치게 무거움과/지나치게 가벼움과/화해하고 있다.
-「백합이 있는 풍경 - cafe 'In My Life'에서」 부분

카페라는 사적 공간 속에서 피로와 화해의 정서를 함께 담고 있다. 이 시는 과장되지 않은 자기 성찰, 그리고 극단 사이에서 균형을 잡으려는 인간의 윤리를 드러낸다. "대단할 것도 초라할 것도 없는/생"은 "지나치게 무거움과/지나치게 가벼움과/화해"에 나선다.

인간이 자신의 삶에서 겪는 무게와 가벼움을 그대로 수용하고 화해하려는 태도인 것이다. 풍경으로서의 백합이 등장한 것은 긴 겨울과의 화해 끝에 피어난 꽃의 생태를 반영한 것이다. 우리의 삶도 이처럼 불완전함을 받아들이며 삶의 의미를 찾아가자는 회복력의 신호를 보낸다.

> 번호가 있었다./달고 다니기에도 기억하기에도/많은/번호가 나로 불리우는 세상/그 속에 젖으며 하루가 또 가려한다.//내 속에 키워온/나는 어디에 있는가/유리창 속의 내가/번호로 입력되어
> ─「사랑하는 나의 삶아」 부분

도시문명에서 소외된 개인, 그리고 디지털화한 인간 존재의 현실을 비판적으로 다루고 있다. 실체 없는 '투명한 창'을 바라보며, '번호'로 호명되는 상황을 느끼는 소외감과 자아의 불확실성이 문명의 단면을 반영한다. '번호'는 사회적 소속감을 의미하며, 기억과 존재가 단절된 느낌을 전달한다. '번호'로 불리는 세상 속에서 자아의 존재를 찾으려는 갈망이 나타나며, 상실된 자아를 기억 속에서 회복하려는 노력을 묘사한다.

현대인의 정체성 상실을 다룬 이 시는 "번호로 불리우는 세상"을 통해 개인의 고유성과 감정이 구조적으로 무시되는 사회적 현실을 비판적으로 드러낸다. 이는 자아가 점차 탈인간화되는 과정이기도 하다. 그러

나 시인은 여전히 삶을 사랑한다. 삶을 '찬미'하기 때문이 아니라, 그 속에서 상처받은 자아도 끌어안을 수 있는 회복탄력성을 믿기 때문이다.

"번호로 입력되어 오차없이/또박 또박 가고 있다"는 구절에 나타나듯, 기계적인 삶의 반복 속에 잃어버린 자아의 존재에 문제를 제기한다. 하여, '번호'로 입력된 즉, 소외된 존재가 자기 자신을 기억하고 찾는 과정을 통해 회복의 과정으로 나아가고자 한다. "나의 번호를 부르는 소리"는 '번호화된 나'에 대한 비판과 동시에 자신의 자아를 찾으려는 반발적 의지이기도 하다.

> 철조망에/엉켜 있는 강아지풀과 쑥 같은 것들/(중략)/전깃줄 같은 덫에 걸려, 거기에 내가 걸려…
> ─「덫」 부분

> 재개발지역 담벼락 사이에//(중략)//금이 난 틈새로 키 작은 풀들이 고개를 내밉니다/바쁜 걸음의 행인들이 짓밟고 지나갑니다/개나리꽃들이 내려다보고 있습니다.
> ─「4월의 소리」 부분

「덫」은 사회적, 정신적 억압 속에서 자기 존재의 부자유를 날카롭게 드러낸다. 철조망, 전깃줄, 덫이라는 장치는 모두 외부로부터 강요된 구속이며, 그 안에 걸려버린 '나'는 현대인의 실존적 불완전함을 보여준다. 자연물(강아지풀, 쑥)과 인간 존재가 함께 얽혀 있다는 이미지는 자연 역시 고통받고 있으며, 인간 역시 본질적으로 완전할 수 없다는 사실을 보여준다. 그러나 그 인식이야말로 시인이 말하는 자기 수용의 첫걸음이 된다.

「4월의 소리」는 도시 재개발이라는 현실의 균열 속에서도 살아남는 자연의 생명력을 노래한다. 깨진 보도블록, 찢어진 화단, 짓밟히는 풀은 모두 인간의 욕망과 무관심에 의해 상처받는 존재들이다. 그러나 그 틈 사이로 고개를 내미는 풀과 흔들리는 개나리꽃은 작고 소외된 존재가 불완전함 속에서도 다시 일어서려는 몸짓을 보여준다. 인간 존재 또한 상처 입고 흔들리지만, 결국 고개를 드는 자연처럼 다시 설 수 있다는 회복탄력성을 드러낸다.

> 종이 인형의 모습으로, 뇌성마비의 이름으로/(중략)/말(言)을 잃어버리고, 울부짖는 소리만이 유일한 표현
> ―「진눈깨비 내리던 날」 부분

언어 이전의 고통과 존재의 본질을 깊이 사유하는 작품이다. 뇌성마비 소녀는 신체적 불완전함의 극단을 보여주며, 그녀의 소통은 울부짖음이라는 원초적 표현밖에 없다. 하지만 시인은 그 울음에서 고통과 존재의 진실을 읽어내며, "알아들을 수 없는/소리만을 토하"는 타자에게 마음을 연다. 시제에 반영한 진눈깨비는 '내리다 사라지는' 불완전한 현상으로, 삶의 일시성과 소통의 한계, 그리고 그 한계 상황 속에서도 인간 존재

의 존엄을 받아들이는 통찰을 상징한다.

3. 자연과 인간 존재의 상호작용: 시간의 흐름 속에서

이 시집에서 자연은 더 이상 단순한 배경이나 휴식의 공간이 아니라, 인간의 존재를 탐색하며 크고 작은 변화를 직면하도록 이끄는 무대로 자리한다. 자연은 인간 존재를 비추는 거울이며, 질문과 응답이 오가는 대화의 현장이다. 자연은 인간 존재와 맞물려 변하는 시간의 흐름을 반영하고, 인간은 그 속에서 자신의 존재를 인식한다.

> 먼/아주 먼 과거의 시간 속으로/떠나온 곳/요세미티 숲/그 숲!//현재의 시점,/미래, 그 예측 불허한 시간/함께 공존하는/의식의 공간//(중략)//그 숲속, 나무들 사이/한없이 작아지는/나/피사체로 렌즈에/남아 있어//(중략)//그 앞/'오만과 편견' 무너지고/피사체로 렌즈에 담기는/우리, 아니 나의 모습
> —「비움·Ⅰ- 요세미티국립공원 숲에서」부분

광활한 자연을 마주한 인간 의식의 위치를 탐색한 작품이다. 요세미티 숲은 단지 경관이 아니라, 시간을 초월한 존재의 공간으로 나타나며, '현재', '미래', '의식'이 공존하는 장소이다. 화자는 "카메라 렌즈"를 통해 자연과 나 자신이 동시에 피사체가 되는 경험, 즉 객체화된 자아의 성찰을 보여준다. 카메라 렌즈에 담긴 그 숲은 단지 풍경이 아니라 자아를 드러내는 매개체다. 인간은 이 자연 앞에서 작아지고 겸허해지며, 동

시에 자신의 내면을 투사하게 된다. 자연과 인간의 경계가 흐려지면서 상호 침투하는 관계로 나아간다. 자연의 방대함 속에서 인간의 존재가 미미한 존재라는 겸손을 자각하고, '피사체로서의 나'를 인식하는 것은 자연의 무한성과 인간 존재의 유한성을 성찰하는 과정이다. 이는 숲을 통해 인간은 자신의 미미한 존재를 인식하고, 시간이 흐르면서 숲의 일부로 일체화되는 가능성을 발견하는 것이다.

특히 "오만과 편견 무너지고"라는 표현은 자연 앞에서 인간 중심적 시각이 해체되는 지점을 명확히 드러낸다. 이를 통해 숲은 단순한 자연이 아니라, 인간이 시간을 맞닥뜨리는 의식의 공간으로 나타난다는 것을 확인할 수 있다.

같은 맥락에서, 「비움·IV – 첫눈 내리는 아침에」는 나뭇가지에 내려앉은 눈을 통해 삶의 무게와 감당의 윤리를 성찰한다. 눈은 "다시 다가올 봄을 준비하며" 내린다. 이는 인간 삶의 고통 또한 계절의 순환 속에서 희망으로 전환될 수 있음을 암시하는 시적 비전이다.

> 눈 쌓인 나뭇가지/잎사귀 큰 나무/그가 안고 있는/눈의 질량//얇은 가지/그가 안고 있는/삶의 무게
> –「비움·IV – 첫눈 내리는 아침에」부분

자연의 변화를 통해 인간 존재의 깊이를 탐구하는 작품이다. 눈이 내리는 풍경 속에서 시인은 '삶의 무게'를 묵상한다. 나뭇가지가 눈의 질량을 안고 있는

모습을 통해 삶의 고통과 무게를 은유적으로 표현한다. 눈이 내리는 새로운 계절을 맞이하면서, 시인은 자연의 변화를 감지하고 인간 존재의 깊이를 재고한다.

눈과 나뭇가지의 관계를 통해, 남현애 시인은 자연의 사소한 대상 속에서도 삶의 보편적 무게를 투영한다. "더러는/떨어뜨리고//더러는/짊어지는" 가지처럼, 삶의 고통도 때로는 감당하고, 때로는 놓아야 한다는 통찰을 전한다. 눈이 "다시 다가올/봄을 준비하며/살포시, 살포시/내린다"는 시구는, 자연의 순환이 인간에게 희망의 리듬을 제공한다는 메시지를 암시한다.

아스팔트 보도블록 틈
사이 흙 속에서
작은 풀이 고개 내밉니다

알지 못합니다
작은 풀의 희망을
사람들은 밟기도 하고
쓸고 지나가기도 합니다

풀은 아픔을 삼키며
다시 일어섭니다
그리움 있어

햇빛에의 그리움
빗방울에의 그리움

비가 내립니다
빗방울 떨어져 구르며
낮은 곳으로 갑니다

낮은 곳으로 흘러가는
것에의
그리움

그리움은 그리움을
아는 이의 몫인 것을
-「작은 풀의 소리」 전문

 이 시는 인간에게 무시당하는 존재의 목소리를 자연 속 풀의 형상으로 환유한다. "밟히고도 다시 일어서는" 풀은 고난에도 불구하고 존재의 존엄을 지키는 생명의 은유이다. "햇빛에의 그리움/빗방울에의 그리움"은 인간이 본래적으로 지니고 있는 초월에 대한 갈망을 드러낸다.

 작은 풀은 인간 존재의 불완전함과 자연 속에서 고통을 삼키며 일어서는 존재를 상징한다. 이 풀은 인간이 겪는 고통과 회복을 통해 불완전함을 수용하며 살아가는 법을 가르쳐준다. 인간에게 보이지 않는 존재, 밟히는 존재로서의 풀이 "햇빛에의 그리움"을 품고 있다는 설정을 주목해야 한다. "아스팔트 보도블록 틈/사이 흙 속에서/작은 풀이 고개 내밉니다"는 구절처럼, 풀이 고개를 들고 다시 일어서는 모습은 인간이 고통 속에서도 다시 일어설 수 있다는 희망을 전달한다.

시제로 삼았듯, '작은 풀의 소리'에 귀를 기울이는 시인의 시선은 자연 속 약자를 품는 은유이며, 생명에 대한 존중의 윤리를 요청하는 과정이다. 자연은 '보는 것'이 아니라 '함께 존재해야 할 대상'으로 그려졌다는 점에서 생태적 회복력을 드러내고 있다.

> 그 섬 끝자락/먼 과거, 격리된 사람들의/수용소였다는 섬
> -「아침의 바다」부분

> 깨어지지 못하는 자아(自我)부끄러움의 옷을/벗지도 못한 채 젖어가고/말(言), 의미 없이 뱉어낸 말들이 빈 울림이 되어/돌아오는 밤/인간에 대한 예우를 말할 수 있을까 우리는
> -「비, 바람, 바다, 그리고」부분

「아침의 바다」는 자연의 고요한 배경 속에 각인된 역사적 상처를 드러낸다. '섬'이라는 공간은 물리적 장소이면서도 시간 속에서 격리된 기억의 공간으로 기능한다. 빛이 닿지 않는 작은 창, 닭장 같은 집은 인간의 존재가 처한 사회적, 물리적 소외를 상징한다. 자연은 그 자체로 상처받은 인간의 시간을 포용하고 있는데, "어두움 밀려온다"는 구절을 통해 기억과 고통의 물결이 자연의 풍경과 어우러지며, 인간 존재의 슬픔을 감싸고 있다.

「비, 바람, 바다, 그리고」는 자연의 이미지(비, 바람, 바다, 안개, 숲)를 통해 깊은 밤 인간 존재의 허위와 침묵을 드러낸다. 자연은 인간의 말을 거부하는 무언의

숲이며, 시인은 그 숲 속에서 깨어지지 못한 자아, 부끄러움, 인간에 대한 성찰을 고민한다. 남현애 시인이 던지는 중요한 화두는 "인간에 대한 예우"이다. 이는 도덕적 타락과 이기적 욕망으로 가득한 현대인에 대한 비판적 질문이다. 동시에 자연의 침묵이 오히려 더 윤리적이고 존엄하다는 역설을 통해 삶의 방식을 전복한다.

지금까지 살펴본 것처럼 남현애 시인의 시세계는 '기억과 상실, 불완전함과 수용, 자연과 인간'을 중심으로 자기 탐색과 회복의 여정을 탐색하고 있다. 시인은 자연 속에서 인간 존재를 바라보며, 그 속에서 상실과 불완전함을 수용하고, 기억 속에서 상처를 치유하려는 시간의 깊이를 탐구한다. 시 전편에 흐르는 겸손의 상징성을 담은 '비움'의 태도는 공허함이 아니라 채우기 위한 전 단계의 고요에 해당한다. 불완전하고 흔들리는 인간 존재를 따뜻한 시선으로 바라보면서 자연과 인간 사회가 일체화하는 세계를 꿈꾼다. 남현애 시인이 낮은 목소리로 묻는 질문으로 시집을 덮는다.

얼마큼을 더 젖어야/(중략)/너로부터 자유로울 수 있을까
—「안개 속의 산」 부분

이 질문은 시인의 언어가 독자의 삶과 연결되는 고리로 작용하며, 우리가 끝내 포기하지 않아야 할 감정과 사유의 자리를 상기시킨다. 비움은 곧 존재의 자리이며, 이 시집은 그 존재가 어떻게 견디고, 회복하며,

사랑하는지를 끊임없이 되묻는다. 마치, "그리움은 그리움을/아는 이의 몫인 것"(「작은 풀의 소리」)이라는 답변을 기다리듯.

순수시선 700

빛의 노래

남현애 지음

2025. 11. 8. 초판
2025. 11. 15. 발행

발행처 순수문학사
출판주간 朴永河
등록 제2-1572호

서울 중구 퇴계로48길 11 협성BD 202호
TEL (02) 2277-6637~8
FAX (02) 2279-7995
E-mail ; seonsookr@hanmail.net

저자와의 합의하에 인지를 생략함
잘못된 책은 바꾸어 드립니다

ISBN 979-11-91153-94-1

가격 15,000원